ईश्वर नहीं नींद चाहिए

(कविता-संग्रह)

ईश्वर नहीं नींद चाहिए

अनुराधा सिंह

वाणी प्रकाशन ग्रुप

भारतीय ज्ञानपीठ

वाणी प्रकाशन : भारतीय ज्ञानपीठ की पुस्तकों के एकमात्र प्रकाशक एवं वितरक

लोकोदय ग्रन्थमाला : ग्रन्थांक 1350

पहला संस्करण : 2018
दूसरा संस्करण : 2019
तीसरा संस्करण : 2023
चौथा संस्करण : 2023
पाँचवाँ संस्करण : 2025

वाणी प्रकाशन : भारतीय ज्ञानपीठ की पुस्तकों के एकमात्र प्रकाशक एवं वितरक

वाणी प्रकाशन
4695, 21-ए, दरियागंज, नयी दिल्ली-110 002
दूरभाष : 011-23273167, 23275710
ईमेल : sales@vaniprakashan.in
www.vaniprakashan.com

ISBN : 978-93-7112-236-8

मूल्य : ₹ 325

ईश्वर नहीं नींद चाहिए
(कविता-संग्रह)
अनुराधा सिंह

ISHWAR NAHIN NIND CHAHIYE
(Poetry Collection)
by Anuradha Singh

आवरण-चित्र : लीलाधर मंडलोई

मुद्रक : आर. टेक ऑफ़सेट प्रिंटर्स, दिल्ली-110 032

पापा को
जिन्हें मेरे स्वप्न
शब्द
कृत्य
जो इन कविताओं में कहे गये
या रह गये अनकहे
सभी ज्ञात हैं !

अनुक्रम

क्या सोचती होगी धरती

मैंने कबूतरों से सब कुछ छीन लिया
उनका जंगल
उनके पेड़
उनके घोंसले
उनके वंशज
यह आसमान जहाँ खड़ी होकर
आँजती हूँ आँख
टाँकती हूँ आकाश कुसुम बालों में
तोलती हूँ अपने पंख
यह पन्द्रहवाँ माला मेरा नहीं उनका था
फिर भी बालकनी में रखने नहीं देती उन्हें अंडे

मैंने बाघों से शौर्य छीना
छीना पुरुषार्थ
लूट ली वह नदी
जहाँ घात लगाते वे तृष्णा पर
तब पीते थे कलेजे तक पानी
उन्हें नरभक्षी कहा
और भूसा भर दिया उनकी खाल में
वे क्या कहते होंगे मुझे अपनी बाघभाषा में

धरती से सब छीन कर मैंने तुम्हें दे दिया
कबूतर के वात्सल्य से अधिक दुलराया

बाघ के अस्तित्व से अधिक संरक्षित किया
प्रेम के इस बेतरतीब जंगल को सींचने के लिए
चुराई हुई नदी बाँध रखी अपनी आँखों में
फिर भी नहीं बचा पाई कुछ कभी हमारे बीच
क्या सोचती होगी पृथ्वी
औरत के व्यर्थ गए अपराधों के बारे में।

लिखने से क्या होगा

मुझे लगता था कि
चिड़ियों के बारे में पढ़कर क्या होगा
उन्हें बनाये रखने के लिए
मारना बन्द कर देना चाहिए
कारखानों में चिमनियाँ
पटाखों में बारूद
बन्दूक में नली
या कम से कम
इंसान के हाथ में उँगलियाँ नहीं होनी चाहिए
आसमान में आग नहीं चिड़िया होनी चाहिए।

वनस्पतिशास्त्र की किताब में
अकेशिया पढ़ते हुए लगा कि
इसे पढ़ना नहीं बचा लेना चाहिए
आरियों में दाँत थे
दिमाग़ नहीं
हमारे हाथों में अब भी उँगलियाँ थीं
जबकि आसमान में चिड़िया होने के लिए
मिट्टी में बदस्तूर पेड़ का होना ज़रूरी था।

फिर देखा मैंने
स्त्री बची रहे प्रेम बचा रहे
इसके लिए

क़लम का
भाषा का ख़त्म होना ज़रूरी है
हर हत्या हमारी उँगलियों पर आ ठहरी
जिन्होंने प्रेम और स्त्री पर बहुत लिखा
दरअसल उन्होंने ही किसी स्त्री से प्रेम नहीं किया।

बुद्धत्व

शब्द लिखे जाने से अहम था
मनुष्य बने रहना
कठिन था
क्योंकि मुझे मेरे शब्दों से पहचाना जाए
या मनुष्यत्व से
यह तय करने का अधिकार तक नहीं था मेरे पास
शब्द बहुत थे मेरे
चटख चपल कुशल कोमल
मनुष्यत्व मेरा रूखा सूखा विरल था
उन्होंने वही चुना जिसका मुझे डर था
चिरयौवन चुना मेरे शब्दों का
और चुनी वाक्पटुता
वे उत्सव के साथ थे
मेरा मनुष्य अकेला रह गया
बुढ़ाता समय के साथ
पकता, पाता वही बुद्धत्व
जो उनके किसी काम का नहीं।

तब भी रहूँगी मैं

तब, जब हो जाऊँगी
मैं निश्चल
निर्जन वन में स्थिर जल सी
क्या तब भी बनैले पशु आयेंगे मेरे तट पर
अपनी आखेटक प्यास लेकर
तब भी क्या मेरे भीतर की तरलता
पहचान ली जाती रहेगी निस्सन्देह

जब खो दूँगी भविष्य में
किसी प्रेम
की प्रत्याशा
क्या तब भी स्त्री लगती रहूँगी सम्पूर्ण

जिस दिन तिनके बीनना बन्द कर दूँ
क्या तब भी माना जायेगा
उर्वर हूँ
बना रही हूँ घोंसला
आनेवाली सन्तति के लिए
छुपा सकती हूँ अपने गर्भ में
प्रेम के कोमल रहस्य अब भी

जब थक कर रुक रहूँगी
पीपल के थिर पत्तों में

आषाढ़ी पवन की तरह
क्या तब भी
शिरोधार्य की जाएँगी
मेरे अन्तर की प्रच्छन्न कामनाएँ

थक जाने पर भी
चलती उड़ती खनखनाती रहती हूँ
डरती हूँ रुक जाने से
शान्त हो जाने से
स्त्रीत्व के सूख जाने से।

बची थीं इसीलिए

वे बनी ही थीं
बच निकलने के लिए

गर्भपात के श्रापों से सिक्त
गोलियों
हवाओं
मुनादियों और फरमानों से इसीलिए बच रहीं
ताकि सरे राह निकाल सकें
अपनी छाती और पुश्त में बिन्धे तीर
तुम्हारी दृष्टि के कलुष को अपने दुपट्टे से ढाँक सके

बचे खुचे माँड़ और दूध की धोअन से
इसीलिए बनी थीं
कि सूँघें बस ज़रा-सी हवा
और चल सकें इस थोड़ी-सी बच रही पृथ्वी पर
बचते बचाते
इस नृशंस समय में भी
बचाये रहीं कोख़ हाथ और छाती
क्योंकि रोपनी थी उन्हें रोज़ एक रोटी
उगाना था रोज़ एक मनुष्य
जोतनी थी असभ्यता की पराकाष्ठा तक लहलहाती
सभ्यता की फसल
यूँ तय था उनका बचे रहना सबसे अन्त तक।

खेद है

मुझे खेद है
कि जब नहीं सोचना चाहती थी कुछ भी गम्भीर
तब मैंने तुम्हारे लिए प्रेम सोचा

अला कूवनोव की ख़स्ताहाल गली में रह रही
बूढ़े आदमी की जवान प्रेमिका की तरह
असम्भावनाओं से परिपूर्ण था मेरा प्रेम
मेरे सामने की दीवार
जिस पर कभी मेरे अकेले
कभी हम दोनों की तस्वीर टँगी रहती है
जीवन में तुम्हारे जाने आने की सनद मानी जाएगी अब से

सड़क पर सरकार का ठप्पा लगा है
फिर भी घूमती फिरती है जहाँ तहाँ
नारे लगाती है उसी के खिलाफ
पत्थर चलाती है ताबड़तोड़
और फिर लेट जाती है वहीं गुस्ताखियों में सराबोर
मैं इस सड़क जैसी बेपरवाही और मुख़ालफ़त के साथ
इसी पर चल कर
पहुँच जाना चाहती थी तुम तक
क्योंकि अनियोजित जी सकना ही
अर्हता है प्रेम कर सकने की
अब इस प्रेम को कैसे रंगा जाये किसी कैनवास पर

क्या आस पास फैले हुए कपड़े और जूते
प्रेम की बेतरतीबी की तदबीर बन सकते हैं
या स्टेशन पर घंटों खड़ा
ख़राब इंजन
रुकी हुई ज़िन्दगी में
चुक चुके प्रेम की तस्वीर हो सकता है

क्षमाप्रार्थी हूँ
घिर जाना चाहती हूँ दुर्गम अपराधबोध में
कि जब नहीं था मेरे पास करने के लिए
कुछ और
मैंने प्रेम किया तुमसे।

ये तय है

कि जैसे तय है सूरज का निकलना
कि जैसे तय है मौसम का बदलना
कि जैसे साँस का आना है निश्चित
कि जैसे तय हैं पत्थर रास्ते में
सभी होंगे सफर में साथ मेरे
यह तय है तुम न होगे

कभी जब रात हो और नींद न हो
तो सबके संग तुम्हारी बात होगी
शहर के गर्द चक्का जाम दुख में
तुम्हारी याद का जंगल उगेगा
मगर जब भी तुम्हारी बात होगी
यह तय है तुम न होगे

किसी दिन पेट भर खाऊँगी रोटी
किसी दिन आत्मा तक प्यास होगी
किसी दिन नींद में गेहूँ उगेंगे
किसी दिन बावड़ी भर रेत होगी
कई शक्लों में ढल कर दिन मिलेंगे
ये तय है तुम न होगे

कोई चक धूप में मारेगा पत्थर
तो आधी नींद में ढूँढूँगी मरहम

ये पत्ता एक दिन पीला पड़ेगा
हजारों आँधियाँ नापेंगी दमखम
कभी जीतूँ कहीं मैं हार जाऊँ
यह तय है तुम न होगे।

न दैन्यं ...

दीन हूँ, पलायन से नहीं आपत्ति मुझे
ऐसे ही बचाया है मैंने धरती पर अपना अस्तित्व
जंगल से पलायन किया जब देखे हिंस्र पशु
नगरों से भागी जब देखे और गर्हित पशु
अपने आप से भागी जब नहीं दे पाई
असम्भव प्रश्नों के उत्तर
घृणा से भागती न तो क्या करती
बात यह थी कि मैं प्रेम से भी भाग निकली

सड़कें देख
शंका हुई आखेट हूँ सभ्यता का
झाड़ियों में जा छिपी
बर्बरता के आख्यान सुनाई दिए
मैदान में आ रुकी
औरतों के फटे नुचे कपड़े बिखरे थे
निर्वस्त्र औरतें पास के ढाबे में पनाह लेने चली गयी थीं
मैं मैदान में तने पुरुषों
ढाबे में बिलखती औरतों से भाग खड़ी हुई

एक घर था जिसमें दुनिया के सारे डर मौजूद थे
फिर भी नहीं भागी मैं वहाँ से कभी
यह अविकारी दैन्य था
निर्विकल्प पलायन
न दैन्यं न पलायनम कहने की
सुविधा नहीं दी परमात्मा ने मुझे।

क्या चाहते हो स्त्री से

घोर दुर्भिक्ष में
तुम्हारी क़िस्म क़िस्म की भूख का अन्न बनी
दुर्दिन में सुख की स्मृति
वीतराग में विनोद
ऐसे बसने लगी जीवन के एक कोने में तुम्हारी स्त्री

तुम्हारे घाव पर छाला थी
अपने द्रव से बचाए तुम्हारा प्रदाह
तुम पीड़ा का हेतु समझते रहे उसे
छाला फोड़ने से घाव खुलता है, बात इतनी सी थी

तुम लिखना चाहते थे कविता
वह स्याही बन फैल गयी शिराओं में
सबने कहा, वाह! खून से लिखते हो
तुमने प्रेम कविता सुनाई
वह बन गयी कान
और फिर आँख बन कर रो दी
कि उसमें कहीं नहीं था उसका नाम

दुनिया हिली तो
नींव थामे रही तुम्हारी
बादल फटे मज़बूत छाता बन गयी
भीगती रही अपनी ही देह के नीचे

नहीं छोड़ी ख़ुद के लिए एक आश्वस्ति
तुमने भी कट्टा और बीघा में नापी उसकी कोख

वह हर भूमिका में तुम्हारे भीतर छिपा
प्रेमी ढूँढ़ती है
तुम जाने क्या क्या चाहते हो स्त्री से।

पितर

माँ कहती अभी किनकी है
भात ढँक दो
पिता कहते सीमेंट गीला है
पैर नहीं छापना
खेत कहते बाली हरी है मत उघटो
धूप कहती खून पसीना कहाँ हुआ अभी
चलती रहो, और बीहड़ करार हैं अभी

मैं समय के पहिये में लगी सबसे मन्थर तीली
जब तक व्यथा की किनकी बाक़ी रही
किसी के सामने नहीं खोला मन
ठंडा गरम निबाह लिया
सुलह की थाली में परोसा देह का बासी भात
आँख के नमक से छुआ
सब्र के दो घूँट से निगल लिया

पत्थर हो गया मन का सीमेंट पिता
कहीं छाप नहीं छोड़ी अपनी
देह की बाली पकती रही
नहीं काटी हरे ज़ख्मों की फसल
इतनी निबाही तुम सब पितरों की बातें
कि चुकती देह और आत्मा के पास नहीं बाक़ी
अपना खून पानी नमक अब ज़रा भी।

स्वागत है नए साल!

खेद, कि इस बार भी नहीं मिलूँगी
पीठ पर वार खाये योद्धा की तरह
जिसकी वर्दी हो चटख निकोर
और हों तरकश में सारे तीर सलामत
नहीं मिलूँगी भग्न स्वप्न-सी विफल
जो डरता हो नींद से
रात नयी वाँछा न लाती हो जिसके लिए
कहो मुझे दुराग्रही
पर क्यों मिलूँ उस अस्त्र सी
जो साधता हो लक्ष्य कहीं/ खेलता हो किन्हीं और हाथों
जिसकी धार में जंग लग जाती हो बिन पिए प्रतिशोध रक्त
तुम्हें वह औरत बन कर तो कभी नहीं मिलूँगी
जो चोट खाने पर रोती
मारने पर मर जाती
छले जाते ही व्यर्थ हो जाती है

शायद मिलूँ उस शाख सी
जिसके घाव की जगह ही
नयी कोंपलें उग आती हैं
भूगर्भीय जल की तरह
नष्ट होते होते
बढ़ आऊँगी हर बारिश में
और उस दाने की तरह

जो पेट की आग न बुझा पाये
तो उग आता है अगली पीढ़ी
का अन्न बन कर

अब तय करना
किस भाषा में मिलोगे मुझसे
क्योंकि मैं तो व्याकरण से उलट
परिभाषाएँ तोड़ कर मिलूँगी

अबकी मुझे चादर बनाना

माँ ढक देती है देह
जेठ की तपती रात भी
'लड़कियों को ओढ़ कर सोना चाहिए'
सेहरा बाँधे पतली मूँछवाला मर्द
मुड़कर आँख तरेरता
राहें धुँधला जाती पचिया चादर के नीचे
नहीं दिखते गड्ढे पीहर से ससुराल की राह में
नहीं दिखते तलवों में टीसते कीकर
अनचीन्हें चेहरेवाली औरत खींच देती
बनारसी चादर पेट तक
'बहुएँ दबीं ढकीं ही नीकीं'
चादर डाल देता देवर उजड़ी माँग पर
और वह उसकी औरत हो जाती

माँ, अबकी मुझे देह नहीं
खड्डी से बुनना
ताने बाने में
नींद का ताबीज़ बाँध देना
चैन का मरहम लेप देना
मौज का मन्तर फूँक देना
बुनते समय
रंग-बिरंगे कसीदे करना
ऐसे मीठे प्रेम गीत गाना

जिनमें खुले बालों वाली नखरैल लड़कियाँ
पानी में खेलती हों
धूप में चमकतीं हों गिलट की पायलें

माँ, अबकी मुझे देह नहीं चादर बनाना
जिसकी कम से कम एक ओर
आसमान की तरफ उघड़ी हो
हवा की तरफ
नदी की तरफ़
जंगल की तरफ
साँस लेती हो
सिंकती हो मद्धम-मद्धम
धूप और वक़्त की आँच पर।

सृष्टि जो हमने रची

धरती जो मिलकर गोल की हमने
उत्तरी दक्षिणी ध्रुव के बीच
उस पर अकेली कैसे बसूँ अब

कहाँ से ढूँढ़ लाये थे चकमक
जब सुलगाया हमने सूरज
एक कमरे में दिन जलाया एक में बुझाई रात
आज कल वही धूप मेरी चादर परदे आँखें
सुखाने के काम आ रही है

हवा से कहो अपने बाल
बाँध कर ही रखती हूँ इन दिनों
बस उतनी ही बहा करे
जितनी मेरे फेफड़ों में जगह है
जितनी नि:श्वास लौटा पाती हूँ जंगल को

एक रात काले जादू से स्याह की तुमने
मैंने टाइटेनियम टू से रंगा चाँद
एक निरभ्र था
जिसे आर्कटिक रंग से ढँक दिया था
कि मुझे नीला पसन्द है

अक्सर यह सोचती हूँ

एक प्रेम का भी निर्माण किया था हमने
वह कहाँ गया भला
क्या तुम्हें भी बुरा लगता है
हमारी साथ-साथ बनायी सृष्टि में
यूँ अकेले अकेले रहना।

विलोम

प्रेम जंगली कबूतर के पंखों–सा निस्सीम
छोड़ जाता है हमारे हाथ में अपना रोंयेदार स्पर्श
मैंने जब उससे दूर जाना चाहा चीज़ें उसके साथ ही छूटने लगीं
एक अतीत था जो बँधा था इस छोड़े जाते पल से
और अपने तमाम अतीतों से जब हम साथ भी नहीं थे
उसे छोड़ देना अपने पूरे जीवन को दोफाड़ कर देना था

इसी मुश्किल की आसानी से हम जुड़े रहे इतने साल
कि वह पूरा पाकर भी उँगली छूते डरता रहा
उँगली छूते ही पूरा पा लेने का अभ्यास दोहरा बैठता
न होना स्वीकार्य नहीं था उसे
होने से डरता था
बहुत स्त्री होने पर मर मिटा एक दिन
इतनी अधिक स्त्री होने से आक्रान्त था
ऐसे पैर लटकाए बैठे रहे हम काल पहाड़ी पर
ऐसे साथ साथ सूर्योदय और सूर्यास्त बिताये
उसने ही नहीं कहा कि सुन्दर हूँ मैं
उसके ही साथ लगा कि बहुत सुन्दर हूँ मैं।

ख़तरनाक है लौटना

ख़तरनाक थे सिद्धार्थ, बुद्ध वे बाद में हुए
ख़तरनाक है दरवाज़ा खुला छोड़ कर जानेवाला हर व्यक्ति
या सोचना उसके बारे में जो 'विदा' कहे बिना चला गया
क्योंकि वह लौटेगा फागुन में बरसात की तरह
खुशहाल बैसाख की सम्भावनाएँ ध्वस्त करता हुआ
आदमी बस उतना ही
ज़िन्दा रहना चाहिए जितना हमारे भीतर है
उससे पहले और बाद के आदमी के
बारे में जानना ख़तरनाक है
जानते तो हो कि ख़तरनाक होते हैं मंच से किये गए वायदे
मान लो कि उससे भी अधिक ख़तरनाक है
भीड़ में खड़े आदमी के शब्दों पर विश्वास करना
हर अपराध संविधान में सूचीबद्ध नहीं हो सकता
फिर भी ख़तरनाक हैं वे लोग जो
गलतियाँ इसलिए करते हैं कि उनका दंड निश्चित नहीं।

रफूगर

एक खौंचा सिया
कि छोटी पड़ गयी ज़िन्दगी
बड़े महँगे हो रफूगर तुम
ये क्या कि मरम्मत के वक़्त काट छाँट देते हो
कैसे जिया जायेगा इतने कम में
उसने नज़र उठाई वह भी बेज़ार
सुई की नोक भी
निशाने पर मेरी आँख, बेझप
कौन है तू?
मैंने चूम लीं उसकी उँगलियाँ
और उन उँगलियों की हिकारत
फुसफुसाई कान की लौ पर, वक़्त थरथराया

तुम आलीपनाह
मेरा नाम कुछ भी हो सकता है
जैसे नाचीज़
और अब अगर जान लिया है मेरा नाम
तो रफू करो मेरा सब फटा उधड़ा
मिला दो मेरी चिन्दी-चिन्दी
जोड़ दो यह चाक जो बढ़ता ही जा रहा है हर घड़ी
नहीं भरता यह ज़ख्म कोई वक़्त मरहम
लो सिलो पूरी दयानतदारी
थोड़ी फिजूलखर्ची से

कि अब भी सलामत है मेरी फटी जेब चाक ग़रेबाँ
ख़स्ता आस्तीन
सिलो कि सलामत रहें तुम्हारी उँगलियाँ
उनकी हिक़ारत।

बेहतर है रो लो अब

आँखें सूखी
चेहरा पानी था
वजूद था कि एक ज़र्बज़दा बूँद
मैंने रोने की तमाम वज़हें दीं थीं
तमाम वज़हें दीं थीं बिखर जाने की
पर वह थी कि अब भी
जब्तशुदा
बहुत लाचार
बहुत नाकाम
बदन काँपता ही रहा
सदियों से बेहिस आँधियों के थपेड़ों में
माथे पर फेरा दो चार बार बेबस हाथ
होंठ खोले और बन्द किए
और मैं बस इतना ही कह पाया
''इससे अच्छा तो रो लो एक बार।''

सपने हथियार नहीं देते

सपने में देखा
उन्होंने मेरे हाथों से क़लम छीन ली
आँख खुलने पर खबर मिली
कि दुनिया में कागज़ बनाने लायक जंगल भी नहीं बचे अब
सपने में सिरहाने से तकिया उठा ले गया था कोई
सुबह पता चला कि आजीवन
किसी और के बिस्तर पर सोई रही मैं
वे सब चीज़ें जो मेरी नहीं थीं
बहुत ज़रा देर के लिए दी गयीं मुझे सपनों में
बहुत ज़रा ज़रा
मछलियाँ पानी से बाहर आते ही जान नहीं छोड़ देतीं
औरतों के सपने उन्हें ज़रा देर के लिए मनुष्य बना देते हैं
यही गज़ब करते हैं
सपने के भीतर दुनिया को मेरे माथे पर काँटों का ताज
और पीठ में अधखुबा खंजर नहीं दिखाई देता
डरती हूँ मैं उन लोगों से जो यातना को
रंग और तबके के दड़बों में छाँट देना चाहते हैं
लेकिन पहले डरती हूँ अपने सपनों से
जो अपने साथ कोई हल या हथियार नहीं लाते
उसी आदमी को मेरी थरथराती टूटती पीठ सहलाने भेजते हैं
जिसे अपने चार शब्द सौंप देने का भरोसा नहीं मुझे
और अबकी नींद खुलने पर भी शायद याद रहे
कि यही खोया था मैंने, यही 'भरोसा'
यही याद नहीं आ रहा था जागते में एक दिन.

मेरे सपने बहुत छोटे आयतन और वृत्त
की सम्भावनाओं पर टिके
दसियों साल से न देखे हुए एक चेहरे
की प्रत्याशा पर टूट जाते हैं
जबकि मैं न जाने क्या क्या करना चाहती हूँ उस चेहरे के साथ
कितनी विरक्ति, घृणा, कितना प्रेम।

बचा लो

मैं कहती हूँ
बचा लो यह प्रेम जो दुर्लभ है
इस्पात और कंक्रीट से बनी इस दुनिया में
तुम बचा लेते हो अहम् का फौलाद
दो काँच आँखों में एक पत्थर सीने में

मैं कहती हूँ बचा लो
हमारे साथ का अर्धउन्मीलित बिम्ब
काँपता मेरी आँखों की बेसुध झील में
तुम बचा लेते हो दर्द की हद पर सर धुनता मेरा पोर्ट्रेट

चाहती हूँ कि अपने मौन के नीचे पिसता
वह नाजुक सोनजुही शब्द बचा लो
जो महमहाता हो प्रेम
तुम सिर्फ बचा पाते हो अनन्त प्रतीक्षा मेरे लिए

दुनिया में जब बहुत लोग बहुत कुछ
बचाने की कोशिश में हैं
मुझे लग रहा है तुम्हारी नीयत ही नहीं
इस लुप्तप्राय प्रेम को बचाने की
जिसे कर पा रही है
पृथ्वी की एक दुर्लभ प्रजाति
बस यदा कदा।

सन 1800 की बागान औरतें

काली औरतें
जंगल पहाड़ समुद्र और
कोयला में भी पायी जाती थीं
उगाई जातीं लुइविल और केंटुकी में
तोड़ कर बेच दी जातीं क्यूबा और त्रिनिदाद में
वहाँ भी जन्म लेती जहाँ मिट्टी सिर्फ सफ़ेद रंग पैदा कर सकती है
जबकि धमनियों में बहता लाल रक्त कण थीं
क्योंकि सफ़ेद रक्त कणों की तरह लड़ना नहीं जानतीं थीं

साँवली मछलियों–सी
ओहायो में फिसलकर गिरतीं थीं मनुष्यता के साथ
रक्तहीन पाँवों से चलती आतीं
दुनिया की काली रेत पर
बिना छोड़े निशान काले इतिहास में
एक दिन ज़मीन पर रहना सीख गयीं
पकाती खातीं बच्चे जनतीं
झगड़तीं हँसतीं
गृहस्थिन हो जातीं
दुनिया नहीं भूली उनका मछली होना
तल कर भून कर सुखा कर खाया
बिल्लियाँ छीन ले गयीं अधबीच
उकाब लहरों की पीठ से झपट ले गए
मछुआरों ने छोड़ दिया दलदल में मरने

फिर भी हम चाहते रहे बनी रहें हमारे बीच
बनी रहें गोरी औरतों के नज़रबट्टे-सी
गलाज़त के प्रति सहनशील
दुनिया के पिछवाड़े बने घूरे-सी विनम्र

वे नाचना जानती थीं
क्या खूब नाचती थीं
यह हम जानते थे
बहुत खूब जानते थे
क्योंकि उनके नृत्य में नहीं देखते थे कला या नफासत
हमारी काली करतूतें देखती थीं
एक अश्वेत कमनीय देह
आन्दोलित अकथ पीड़ा से जिसे नृत्य कहते हैं।

तफ़्तीश

नदियाँ पहाड़ों से उतरीं थीं
यह बात सरल नहीं थी
पहाड़ों ने उनके दु:ख देख रखे थे
नदियाँ इसी लोकापवाद भय में घुल-घुल कर
क्षीण हो गयीं
क्षीण होते होते लुप्त हो गयीं
लेकिन पहाड़ के कपोल पर रह गए
वे शोकचिन्ह
हवाओं में घुला रह गया आँसुओं का नमक
ये दु:ख और आँसू सरल नहीं थे
नदियाँ नष्ट होते समय भूल जाना चाहती हैं
घुल घुल कर मरने के चिन्ह

दु:ख समाप्त हो जाते हैं एक दिन
आँसू बहने बन्द हो जाते हैं
ज्ञात दु:ख नष्ट नहीं होते
जाननेवालों के भीतर अन्त:सलिला बहते हैं।

एक दिन भूगर्भ शास्त्री आते हैं
हाइग्रोमीटर और ड्रिल लेकर
पढ़ते आँसुओं की परतें
कुरेदते पहाड़ का सीना
चखते हवाओं का नमक

करते हैं मुनादी
यहाँ कभी किसी के होने के दुःख बहे थे
यहाँ से गिरा तो बँट गया कोई प्यास-प्यास
अनासक्त समय ने मिटा दिए हैं सभी साक्ष्य
फिर भी, यहाँ एक नदी की हत्या की गयी थी।

कुछ ऐसा हुआ

इस बीच कुछ कविताएँ उगीं
मेरे भीतर
इस बीच वह कागज़ खोया रहा कहीं
जिस पर कविताएँ लिखी जा सकती थीं

इस बीच एक जंगल में
कितने फूल खिले
इस बीच उस जंगल की तितलियाँ
झुलस गयीं सब

इस बीच तुम मिले मुझसे
कितनी बार
इस बीच तुमसे और मिलने की
चाह मर गयी।

मैंने बिछोह साध लिया

हर बड़ी लकीर से और बड़ी लकीर खींची जा सकती थी
ऐसा बड़प्पन नहीं पाया मैंने
छोटापन ही साध लिया
खींचे छोटे-छोटे कमरे और रिश्ते
जीतने के लिए कितना कुछ साधना पड़ता है
हारने के लिए साधना पड़ा बस अपना हृदय

मृत्यु ऐसे आ रही थी मेरी ओर
जैसे जीवन जा रहा था
जाते को रोका कैसे जाता
आगत को साध लिया

गलत शब्द बोले मैंने
गलत वक़्त
ग़लत लहजे में
चूँकि आवाज़ एक ज़ोखिम थी नक्कारखाने में
मैंने अँधेरा साधा मौन का
कोई उत्सव नहीं सुनाई देता इस घटाटोप में
कोई शोर दिखाई नहीं देता इस सन्नाटे में

चढ़ते वक़्त बस ख़ुदराय सीढ़ियाँ दिख रही थीं
दिख रहा था बस आत्मलीन आकाश
चूके जा रहे थे नीचे खड़े साधारण हितु

चूका जा रहा था प्रयोजन रहित प्रेम
चूकी जा रही थी आयोजन रहित सहजता
चूका जा रहा था आश्वासन साथ खड़े रहने का
गम्भीर था आतंक आकाश से टूट गिरने का
सो चढ़ते हुए ही उतरना सीख लिया मैंने

चले जा रहे थे हम जंगल-जंगल साथ
चूमने की कगार पर तितली बन गए
पाने की कगार पर मैंने कह दिया जाओ
प्रेम पाने के लिए दुनिया साधनी पड़ती
देखो न मैंने बिछोह साध लिया...

ख़राश

बूढ़े बहुत स्पर्श करते हैं
रेलिंग, दीवार, कन्धों, हाथों को
सहारा नहीं लेते
छाप छोड़ते हैं
सृष्टि की देह पर अन्तिम बार बाहर जाने से पहले,

बच्चे छू कर देखते हैं हर सर्द गरम चीज़
जीवन में जलने और ठिठुरने
के ककहरे की तरह
इसके बाद प्रेम में
राख और बर्फ बनते कष्ट कम होता है
इसके बाद छल से सदमा नहीं होता
इसके बाद विरह से मृत्यु नहीं होती

प्रेमी अन्तिम मुलाकात में
नहीं छूना चाहते एक दूसरे को
चाहते हैं जल्द शुरू हो मातम
गुज़र जाये ये क़यामत की घड़ी
बिना छोड़े कोई नयी ख़राश उनकी रूह पर
इसके बाद कुछ नहीं होता।

पटाक्षेप के बाद

मैं इस समय की उपज
जब बोलने के लिए पूरे वाक्यों का इस्तेमाल
गैरजिम्मेदारी और अश्लीलता है
एक पूरी कविता लिखने का
जोखिम उठाती हूँ अक्सर
बेस्ट सेलर्स में ढूँढती हूँ
पटाक्षेप के बाद की कहानी

तीन चौथाई सदी पहले पन्द्रह साल की ऐन फ़्रैंक
भूख बीमारी और घुटन से लड़ते हुए मारी जा चुकी है
गाँधी ने पता नहीं क्यों 'हे राम' कहा था
उन्हीं दिनों

मेरी बेटी ने दो रातों एक दिन के भीतर
'द डायरी ऑफ़ अ यंग गर्ल' पढ़ डाली है
ऐसे ही पढ़ी थी उसने एक बार महात्मा गाँधी की आत्मकथा
और तब से हलकान कर रखा है उसे महारानी के भारत और हिटलर के जर्मनी ने
इसी बीच होलोकॉस्ट के दौरान भूख से मार दिए गए
यहूदी बच्चे की छोटी सी जैकेट
अमरीका के संग्रहालय में सजाने को सौंप दी गयी है
मेरे शहर की मजदूर सड़कों के बदन में गड्ढे पड़ गए हैं

बाक़ी सड़कें हैं अजगर की छाती–सी काहिल चिकनी
गौरी नाम की औरत ने दक्षिण मुम्बई की शीशे सी चमकती
गंगा के पाट सी चौड़ी सड़कें नहीं देखीं
जबकि 34 साल पहले शहर की आंबेडकर चाल में
दत्तात्रेय जाधव के घर जन्मी थी वह

नहीं पाती हूँ
मेरी बेटी के लिए ऐसी एक किताब
जिसमें डेढ़ महीने के बच्चे की मौत पर
यहूदी माँ बाप का विलाप लिखा हो
या यह कि बर्तन घिसती गौरी का
दक्षिण मुम्बई की एक सड़क को न देख पाना भी
होलोकॉस्ट का ही हिस्सा है।

सद्दाम हुसैन हमारी आखिरी उम्मीद था

लिखित लिख रहे थे
प्रयोग बनते जा रहे थे
अंकों और श्रेणियों में ढल रहे थे
रोजगार बस मिलने ही वाले थे
कि हम प्रेम हार गए
अब सद्दाम हुसैन हमारी आखिरी उम्मीद था

पिताओं की मूँछें नुकीली
पितामहों की ड्योढ़ियाँ ऊँची
हम काँटेदार बाड़ों में बन्द हिरनियाँ
कंठ से आर पार बाण निकालने
की जुगत नहीं जानती थीं
बस चाहतीं थी कि वह आदमी
इस दुनिया को बारूद का गोला बना दे
हम युद्ध में राहत तलाशतीं
अपनी नाकामी को
तुम्हारी तबाही में तब्दील होते देखना चाहती थीं
हाथों में नियुक्ति पत्र लिए
कृत्रिम उन्माद से चीखतीं
घुसती थीं पिताओं के कमरे में
उसी दुनिया को लड्डू बाँटे जा रहे थे
जिसने बामन बनिया ठाकुर बता कर
हमसे प्रेमी छीन लिए थे

सपनों में भी मर्यादानत ग्रीवाओं में चमकता
मल्टीनेशनल कम्पनी का बिल्ला नहीं
बस एक हाथ से छूटता दूसरा हाथ था
ये विभाग स्केल ग्रेड क्लास
तुम्हारे लिए अहम् बातें होंगी
हमने तो सरकारी नौकरी का झुनझुना बजाकर
दिल के टूटने का शोर दबाया था

हमसी कायर किशोरियों के लिए
जातिविहीन वर्गविहीन जनविहीन दुनिया
प्रेम के बच रहने की इकलौती संभावना थी
क्षमा कीजिये, पर मई 1992 में सद्दाम हुसैन हमारी आख़िरी उम्मीद
था।

तुम बोले और मैं चला

चन्द्रगुप्त विक्रमादित्य हमसा नहीं था
था पराक्रमी शूरवीर
अकूत दौलत थी खीसे में
और भाग्यवान
कि उसके पास बेताल था

नहीं दिया गया हम अभागों को कोई बेताल
जो कह देता हमसे
'तुम बोले और मैं चला'
नहीं दी किसी ने चेतावनी
हम जल गए ज़िन्दा शब्दों की चिताओं में
जो नहीं बोले वे
कर के भी मुकर गए हमेशा
उन्होंने ही कहा था कहना ज़रूरी नहीं होता
वे विक्रमादित्य के बेताल से भी अधिक शातिर थे

हम बोले
हार गए हर जंग
प्रेम बोले
हार गए जीवन
साथ बोले और हार गए हर खेल
हमारे इक्यावन पत्तों के पीछे
राजा के वेश में जोकर खड़ा था

हर चाल से पहले तोड़ सोच लेता
हम जोकर के हाथों पिट गए

हमारे लफ़्ज़ों की नब्ज़ पर
दुनिया हकीम ने उँगलियाँ रखीं
और दबा दी कमज़ोर नस
सन्नाटे से आतंकित
ढूँढते रहे एक आवाज़ जिससे कह सकें दो शब्द
वही दो शब्द छीन कर ले गए हमसे
सब कुछ हमारा

लेकिन हमें बोलना पड़ेगा
जैसे जैसे आत्मा जागेगी शीतनिद्रा से
मुखरित होंगे युग युग के तिरोभूत शूल
बोलेंगे ही चाहे यह
नष्ट कर दे हमें
कष्ट दे कितने भी
भर शब्दकोष बोलेंगे
तुम्हारी घुन्नी अदालतों में।

ईश्वर नहीं नींद चाहिए

औरतों को ईश्वर नहीं
आशिक़ नहीं
रूखे फ़ीके लोग चाहिए आस पास
जो लेटते ही बत्ती बुझा दें अनायास
चादर ओढ़ लें सर तक
नाक बजाने लगें तुरन्त

नज़दीक मत जाना
बसों ट्रामों और कुर्सियों में बैठी औरतों के
उन्हें तुम्हारी नहीं
नींद की ज़रूरत है

उनकी नींद टूट गयी है सृष्टि के आरम्भ से
कन्दराओं और अट्टालिकाओं में जाग रहीं हैं वे
कि उनकी आँख लगते ही
पुरुष शिकार न हो जाएँ
बनैले पशुओं/ इंसानी घातों के
जूझती रही यौवन में नींद
बुढ़ापे में अनिद्रा से

नींद ही वह कीमत है
जो उन्होंने प्रेम परिणय सन्तति
कुछ भी पाने के एवज़ में चुकायी

सोने दो उन्हें पीठ फेर आज की रात
आज साथ भर दुलार से पहले
आँख भर नींद चाहिए उन्हें।

नकाब

मैं ग़लत वक़्त पर हँस दी पुरख़लूस
तो मेरे दिल के आर पार सड़कें बना दी गईं
भीड़ में किसी जूते ने मसल दीं मेरी नाजुक उँगलियाँ
और मैंने कह दिया, कोई बात नहीं

ग़लत फ़िल्में देखीं मैंने
जिनमें औरतें जी बड़ा कर कहती थीं,
जाओ, खुश रहो
मैंने जी कड़ा कर कहा
जाओ खुश रहो
और वे चले गए, ख़ुश भी रहे शायद

जब मुस्कुराने से आसान हो सकती थी ज़िन्दगी
मेरा गला भर आया
सुख बह गया आँसुओं के रास्ते सब
मुझे सही वक़्त पर रोने का हुनर नहीं आया
ज़ार ज़ार रोने
सिर पटक देने
विदा होते हुए रास्ते पर जान दे सकने के समय भी
हँसती रही मैं आँख मुँह गाल और देह से
किवाड़ में उँगली दे कर भी
कराह निकली आँसू नहीं

बारिश में सिर की छत से अधिक
दुख में कविता ने रखी है मेरी लाज
लोग जानते हैं आस पास
कि कविता करते हुए आँसू निकल ही आते हैं बेसाख़्ता
मैं चाहती हूँ कि वे कभी न जाने
कि आँसुओं और कविता से पहले दुख आता है

पहली बार दुख हुआ था तो
साइकिल की चढ़ी चेन को
ज़्यादा चढ़ाती रही थी
आँसू गिरते रहे एन ग्रीस की जगह
आसमान धीरे धीरे स्याह हुआ था बहुत
ज़िन्दगी की गाड़ी ठीक से चलाने में
ग्रीस से ज़्यादा आँसू काम आए
और काम आयी यही धोखेबाज़ मुस्कुराहट।

मरने के कारगर तरीके

वापस न आना चाहो तो
एक स्पर्श में छोड़ आना ख़ुद को
एक आँख में दृश्य बन कर ठहर जाना वहीं
जीवित रहने के इतने ही हैं नुस्ख़े
चकमक पत्थर से नहीं
दियासलाई से जलाते हैं अब आग
नष्ट होने का सरलतम उपाय अब भी प्रेम है
वह भी न मार सके
तो एक डाह अँगीठी में
सुलग बुझना

हिंसा से न मारे जाओ
तो धोखा खाकर मर जाना
प्रतीक्षा से मिट जाना असम्भव लगे तो
तो सम्भावनाओं में नष्ट हो जाना
एक दिन भीड़ में ख़त्म करना ख़ुद को
शोर में खो जाना
जब मरने के परम्परागत तरीके नाक़ाम हो जायें
तो ख़ुद को जीने में खपा देना

औरतें गालियों से घट रही हैं यह एक सपना है
आदमी का अपने समय से घट जाना है दुःस्वप्न...

तर्क

ज़िन्दा बने रहने के
अपने तर्क होते हैं
यह तुमसे अलग होकर जाना
धरती आकाश तुम और तुम्हारे नाम की वर्तनी पर
कोई अधिकार नहीं था मेरा
बे-दावा था वह उचार जो होता रहा साँस के साथ
साँस लेने के भी कितने ही अभिप्राय थे
विरह के निर्वात में जाना यह मैंने
गिरना सरल
उठना ही कठिन था
धरती पर गिरते ही
आसमान टूट पड़े तो
जीवन में उठ पाने की सम्भावना नष्ट हो जाएगी
तुम्हें न दिखा हो मेरा गिरना
यह सम्भव नहीं
पर तुमने नहीं देखा सो मैं उठ गयी
उठ गयी गिरे निरभ्र से
तिरस्कार से
दुख से
ग्लानि से ऊपर इतना उठकर भी
मैंने अपना क़द तुम्हारी ऊँचाई से कमतर रखा
क्योंकि तर्क थे मेरे पास
अपनी बढ़त तुमसे दोयम रखने के।

प्रेम का समाजवाद

दलित लड़कियाँ उदारीकरण के तहत छोड़ दी गयीं
उनसे ब्याह सिर्फ किताबों में किया जा सकता था
या भविष्य में
सवर्ण लड़कियाँ प्रेम करके छोड़ दी गयीं
भीतर से इस तरह दलित थीं
कि प्रेम भी कर रही थीं
गृहस्थी बसाने के लिए
वे सब लड़कियाँ थीं
छोड़ दी गयीं

दलित लड़के छूट गए कहीं प्रेम होते समय
थे भोथरे हथियार मनुष्यता के हाथों में
किताबों में बचा सूखे फूल का धब्बा
करवट बदलते जमाने की चादर पर शिकन
गृहस्थी चलाने के गुर में पारंगत
बस प्रेम के लिए माकूल नहीं थे, सो छूट गए
निबाहना चाहते थे प्रेम, लड़कियाँ उनसे पूछना ही भूल गयीं
लड़कियाँ उन्हीं लड़कों से प्रेम करके घर बसाना चाहती थीं
जो उन्हें प्रेम करके छोड़ देना चाहते थे।

उसके बिना

अब और लड़ा नहीं जाता मुझसे तुमसे
अब और गुरेज नहीं मुझे तुम्हारी बेसिर पैर की बातों से
मैंने कल ही जाना है कि हमेशा नहीं रहोगी मेरे साथ
सबकी माँएँ मर जाती हैं एक दिन

बेतरतीब हो गयी हैं तुम्हारी माँसपेशियाँ
और याददाश्त
शायद हडिडयाँ घिसने से कुछ और छोटी हो गयी हो
बाल भी कहीं हल्के कहीं थोड़े कम हल्के हैं
साँस लेती हो
तो दूर बैठी भी सुन लेती हूँ घरघराहट
फिर भी जब जाओगी
तब मैं
रेशा रेशा बिखर जाऊँगी
तुम्हारे बिना

रात भर मैं तुम्हारे छोटे छोटे भरे होंठों
के गीले चुम्बन चिपकाती रही
अपनी हथेली से माथे और गालों पर
जो पोंछ कर रख दिये थे मैंने
झुँझला कर एक दिन हड़बड़ी में
मुझे हमेशा खला कि
तुम और माँओं जैसी नहीं थीं

साधारण और शान्त
तो क्यों तुम माँ ही निकलीं
सब माँओं-सी

जानती थी कि
माँ का मरना बहुत बुरा होता है
शायद दुनिया में सबसे बुरा
नहीं जानती थी
कि यह अपनी देह से बिछड़ना था
मैं कितना अधिक जानती हूँ
इस दुनिया को तुम्हारे बनिस्बत
तुम कितना कम जानती हो इन दिनों
रास्ते नहीं मालूम ज़्यादा कहीं के
कितना डरती हो हर बात से आज कल
मरने से भी
फिर भी दूसरी दुनिया की देहरी पर तुम्हें
अकेला भेज दूँगी मैं
बिलकुल अकेला
रुग्ण दुर्बल और भ्रान्त।

जो कहने से रह गए

तुमने सोचा
जो नहीं कहे गए वे दुख नहीं थे
तुमने नहीं सोचा
दुख क्यों नहीं कहे गए आखिर
हवा नहीं कही गयी
नहीं कही गयी धूप
तो नहीं कहे गए वे घाव भी
जो खोलते हैं यातना को
रोज़ आधी रात
नहीं कहा घबराकर मैंने 'बचाओ'
कभी नहीं सोचा
यह भी होगा गर्व का विषय कि नहीं कहूँगी
रहम करो अब मुझपर!!
नहीं कहूँगी हत्यारे को हत्यारा
नाखूनों में रेत भर जाएगी
खोदते खोदते एक असम्भव कुआँ
लेकिन नहीं कहूँगी 'प्यास' पपड़ाए होंठों से
साँस छटपटाएगी
सिर पटकेगी देह के पिंजरे में
और नहीं कहूँगी 'मुक्ति' उसके कानों में
नहीं करने दूँगी अपने आँखों के तेज़ाब को भस्म
अपनी आश्वस्त स्मित
नहीं रोऊँगी

नहीं गिड़गिड़ाऊँगी
नहीं रेंगूँगी सरीसृप की ढब
क्योंकि नहीं कहा था पृथ्वी ने भी
कि थक गयी हूँ
अब रात की जाए मेरे दिन के माथे पर
उत्तप्त उद्दाम सूर्य
गिर गया स्वयं ही पश्चिम की अँधेरी खोह में
सोच कर पृथ्वी की टूटन और थकन
किसने बताया था तुम्हें
सीप के अन्दर मोती
और पृथ्वी के भीतर लावा है
कौन बताएगा तुम्हें
क्या कौंधता, खौलता, दरकता है पसलियों के ऊपर
शिराओं के भीतर
फिर सोचो
मैंने सुख भी तो नहीं कहे कभी
लड़ी ही हमेशा, नहीं कहा कभी प्रेम ही ठीक से
तो क्यों कहूँगी अब दुख भला।

क्या कहा था तुमने

जब समुद्र की
तरफ से आनेवाली हवाएँ भी सूख गईं थीं
तो
कुछ कहा था तुमने
बदलते मौसम और सियासी मिजाज पर
बहुत कुछ कहते रहे थे
उस शाम
क्या कहा था अपनी बदलती फितरत पर?
जब जब मैंने साँस के साथ आँसू घुटके थे
और आवाज़ हुई थी उस घूँट की?
या शायद
चीखता हुआ कठफोड़वा गुज़रा था
हमारे सिरों के ऊपर से
मुझे आखिरी बार जाते देख क्या कहा था?
नारे लगाये थे तुमने
नामीबिया की औरतों पर होते
अत्याचारों के खिलाफ़
क्या कहा था तुमने
जब मेरी उम्मीद मर रही थी?
कुछ तो कहा था
मेरी टूटी चप्पल पर सहानुभूति से
क्या कहा था तुमने मेरी लहूलुहान
हिम्मत पर?

वृन्दावन की विधवाएँ

प्रतीक्षा की है
उनके झुके शीशों के उठने की
मैंने ना जाने कितने युगों, कितनी अन्तहीन प्रतीक्षा की है
प्रभु के चरणों में रगड़ खाते शीश उठने की
धवल धोती के फन्दे में कसी
एक श्वास के मुक्त हो जाने की

कुंठित सोचों ने ढाये हैं जो पाप
उनकी भी क्षमा माँगतीं अविराम
किन्हीं निरुपाय क्षणों में जी उठने का पश्चाताप
कामना के समक्ष घुटने टेक देने का पश्चाताप
अजाने देह बन जाने का पश्चाताप
औरत हो आने की झुरन

प्रतीक्षा की है मैंने
आत्म ग्लानि से लबालब
अक्षि सरोवरों के उमड़ आने की
तलहटी के कातरतम बिन्दु को स्पर्श करते हुए
अवसर देखा कह देने का
मत खोजो मेरी देह में आलता, सिन्दूर और बिछिए
बस देख लो एक बार
उन्मुक्त हास्य से खिला यह तन
चेहरे का रक्तिम उछाह

थैली भर कंचे बिखर जाने सी यह आवाज़

मेरी आँखों की दिप-दिप तरलता
बाँहों मे भर लेना चाहती है उन्हें एक बार
देखो, मैं हूँ मेरा सौभाग्य
देखो, स्वयं से प्रेम करती स्त्री कितनी सुन्दर लगती है

तुम्हारे किंचित सुख से कालचक्र नहीं रुका
नहीं हिले पीठ, मठ और अखाड़े
नहीं आनेवाला कम्प बाँके बिहारी जी के मन्दिर में
नहीं आएगी प्रलय कालीयदह घाट पर आज
क्या इतना अप्राकृत था तुम्हारा तुम हो जाना

प्रभु की प्रभुताई नहीं
पराभव देखती हूँ
जब जब देखती हूँ वृन्दावन की प्रेतात्माओं को रगड़ते
घुटे शीश उनके पाषाण चरणों पर
माँगते निशब्द क्षमा अहर्निश
तब गायें क्यों न मीराबाई अनथक
'प्रभु तुम कैसे दीनदयाल॥
मथुरा नगरीमों राज करत हैं बैठे, नन्द के लाल।'

मैं चाँद पर कविता नहीं गाऊँगी

तुम जब आखिरी साँस और सन्ध भी मूँद दोगे
तो मैं दीवार के उस पार से एक कविता गाऊँगी

खेत और खलिहान के बीच गिरी हुई बालियों की
काँसे के कम होते बर्तनों और खाली होते कुठलों की
खबरों से छूट गयी नींद की
मैं गोल रोटी की कविता नहीं गाऊँगी
कि सुक्खी को भूख लग आएगी

लम्बे दिनों और गुनगुनी रातों पर
पुरानी किताबों और उनमें दबे गुलाबों पर
तुम्हारी उँगलियों से मेरे पोरुओं के फासले पर
मैं तुम्हारे जानेवाले दिन पर कविता नहीं करूँगी
कि मुझे तुम्हारे न लौटने का दुख साल जाएगा

कविता करूँगी
शेर से दौड़ कर जीत लिए हिरण की
बहेलिये के जाल से छूट निकले कबूतर की
अस्त व्यस्त जंगल और दम्भी पहाड़ की
मैं सूखी हुई नदी की कविता नहीं करूँगी
कि दोनों किनारे मिलने की हठ पे आ जायेंगे

और मैं करती ही जाऊँगी कविता

बरसात में धुले सफ़ेद मढ़ो पर
स्कूल जाते हुए गुलाबी रिबन पर
साँवली लड़कियों और उनकी उपेक्षित इच्छाओं पर
मैं चाँद पर कविता नहीं गाऊँगी
कि सुक्खी को फिर रोटी की याद आ जाएगी।

ब्रह्म सत्यम

मैं सोना चाहती थी
सोने नहीं दिया गया
दरवाज़ा खड़कता रहा
फोन की घंटी बजती रही
लोग अचानक याद आ गए सन्देशे भेजते रहे
धूल भी एक सायरन की तरह चीखती हुई दर्ज़ हो रही थी घर में

जबकि मेरे जागे रहने की दरकार नहीं थी
दुनिया में समूची घृणा प्रबन्ध और लूट
बिना किसी हस्तक्षेप के कार्यान्वित हो रहे थे
जहाँ मैं दिख रही थी
वहाँ भी एक पेपर क्लिप की तरह नगण्य थी
फिर भी लोग चाहते थे मेरा जगा रहना

भारी पलकों से
सबको खाना खाते चाय सुड़कते देखती रही
मेरी भूख पर नींद हावी थी
वाशिंग मशीन में बदरंग कपड़े भरती निकालती रही
जबकि दुनिया मुद्रास्फीति की दामी केंचुल बदल रही थी

यों तमाम बरस जबरन आँखें खुली रखने के बाद भी
आरोप है कि चेतना सोयी रही मेरी
जैसे अन्तरात्मा और ज़मीर सोये रहते हैं

खुली आँखें देखकर भी ईश्वर ने पूछा अक्सर
सो गयीं क्या?

ईश्वर, जो सचमुच जाग गयी तो ज़मीर बेच दूँगी औने पौने
फोन उठाने सन्देशे पढ़ने शुरू कर दूँगी
दरवाज़ा खोल कर देखूँगी कि
घंटी बजानेवाला आख़िर चाहता क्या है

सोने दो मुझे
क्योंकि बाज़ार भी चाहता है
सोया रहे विवेक
खुली रहें आँखें।

मैं फिर बेहतर थी

उसने बहुत दिया मुझे
अब वापस कैसे करूँ उतना सब
जिन दिनों वह दे रहा था मुझे दुनियादारी के सबक
दुनिया झुलस रही थी
बैर की आग में
तरुण यज़दी लड़कियाँ
नोची जा रहीं थीं दरिन्दों के हाथों
मैं फिर बेहतर थी।

जितने कष्टसाध्य काम थे
उन सबके घाट पर ला खड़ा किया है उसने मुझे
मेरे जैसे कमज़ोर इंसान के लिए
किसी से मुँह फेर लेना असम्भव था
अन्तर्भूत था स्वयं से प्रेम करना
उसने सुनिश्चित किया कि
कोई प्रेम न करे मुझे अब
मैं भी नहीं।

फिर भी बेहतर हूँ उन औरतों से
जो अपने देशों की लड़ाई में खून खच्चर हुईं थीं सरोपा
दिल भी हुआ था उनका
दिल ही सबसे ज्यादा
मुझे तो सिर्फ चीखती धूप में खड़ा कर दिया

कुचलती रौंदती बारिश के नीचे
ठगी गयी थी मैं ऐसी
कि मेरा सारा असबाब सलामत था
वह सिर्फ मुझसे प्रेम करने की सायत
और रिवायत ही तो भूला था
और क्या हुआ था मेरे साथ
मैं बहुत बेहतर थी
लीबिया, सीरिया की बेटियों और अफ़गान औरतों से

बहुत बेहतर थी मैं उन औरतों से
जिनके दु:ख दिखते हैं
जो छाती पीट कर रो सकतीं हैं
पछाड़ खा सकती हैं विलाप कर सकती हैं
नहीं दिखा सकती मैं अपने ज़ख्म
किसी पेचीदा मरहम को
नहीं माँग सकती बेनींद रातों का हिसाब
एहतियाती सिरहाने से
नहीं रोई कभी
क्योंकि मैं सबसे बेहतर थी।

दूरबीन/ख़ुर्दबीन

मुझसे बहुत दूर
पूरब की ओर
एक बालकनी में जो दूरबीन रखी है
मैं जानती हूँ कि
मुझ पर नज़र रखती है वह दिन रात
उसे क्या मालूम कि
मैं भी रखती हूँ उस पर नज़र
अक्सर

हालाँकि मुझे नहीं पड़ता है फर्क
ऐसी किसी भी दूरबीन तोप या आँख से अब
जिसमें मैं
आकर्षक अनाकर्षक
शालीन अशालीन
होती ही रहती हूँ गाहे बगाहे
हम तो चली फिरी सोयी जागी ही हैं
तमाम तैनात तैयार तोपों के सामने आजन्म
वे जो तनी हैं दुनिया की
साढ़े तीन अरब औरतों पर हर समय

फिर एक रात
जब चीज़ें चमकती हैं अन्तर के दाह से
या चन्द्रमा के प्रकाश में

मैंने देखा उस तोप को
तने हुए आसमान की छाती पर
ओह! तो वह दूरबीन नहीं ख़ुर्दबीन है!!
एक अदृश्य दुपट्टा सँभाल लिया
मैंने हकबका कर भंगुर अस्मिता पर
घर के बेशर्म पर्दे खींच कर ठोंक दिये
पेशानी और खिड़कियों पर
क्योंकि यह ख़ुर्दबीन है
जो क़ुव्वत रखती है
आसमान की हजार प्रकाशवर्ष लम्बी ओढनी चीर
सितारों को भेद देने की
मैं तो फिर नाचीज़ हूँ
बस साढ़े चार सौ मीटर दूर
दुनिया की साढ़े तीन अरब औरतों में से एक।

यह अतिप्रश्न

चौथा प्रश्न फिर-फिर पूछेंगी हम
'कितना?'
तीसरा उससे भी अधिक आवृत्ति पर, 'करते हो हमसे प्रेम?'

एक दिन क़ायल हो जाएँगी तुम्हारे अभिनय की
सौंप देंगी सर्वस्व
सयानी स्त्रियाँ बुता देंगी हमारा मन
जब बतायेंगी
सुविधा होती है, साधन होते हैं, होते हैं रास्ते कई
लेकिन पिताओं की इस दुनिया में नहीं होता है प्रेम
हम उठेंगी आधी रातों में
अपनी तार-तार मूर्च्छा
में तुम्हारे आयताकार कन्धों से लटक जाएँगी
पूछेंगी तुमसे
क्या कभी, कभी किया था तुमने प्रेम?
तुम छुप जाओगे इतिहास की कन्दरा में
आखेट करोगे और करोगे विहार
करोगे मनुहार
रखोगे अधिकार
एकछत्र स्वामित्व
हम सोचेंगी इनमें से प्रेम कौन सा है
इतिहास भर्त्सना कर उठेगा ऐसे प्रश्नों की
धिक्कारोगे तुम

सयानी स्त्रियाँ तिरस्कार करेंगी हमारी मेरुहीनता पर
पर हम, जाने क्यों हम ही
तुमसे पूछती रहेंगी यह अतिप्रश्न।

तिरिया

वह सेमल जैसी नर्म आवाज़ में कहता है नाम बताओ किसने कहा... आवाज़ उसके खुरदुरे भीतर बाहर पर सूट नहीं करती...नाम जान कर ऐसे चिल्लाओगे कि मेरे कान में छेद हो जायेगा...नहीं चिल्लाऊँगा ...वह उस सेमल के नीचे अंगारे छिपाने की कोशिश कर रहा है ...अच्छा बस शहर बता दो...मैं उसकी आवाज़ में छिपे फुर्तीले गिरगिट का नया रंग पढ़ लेती हूँ...तुम मेरे सबको जानते हो, शहर बताते ही नाम जान जाओगे...उसका बहुत थोड़ा सा सब्र अब चुक रहा है...अच्छा काम काज ही बता दो...फिर तो सब पता चल जायेगा तुम्हें...वह जोर से बोलना शुरू करता है और मैं कहती हूँ—देखा, मैंने कहा था न तुम चिल्लाओगे...वह थक जाता है, हार जाता है...नहीं चिल्ला रहा, सो जाओ।

बेआवाज़ हो हर लाठी

मेरी आस्तिकता नहीं
मेरा आलस्य
विश्वास बनाये रखता है
भगवान के लिए गढ़े मुहावरों पर
चूँकि भगवान सब देखता है
तो मुझे आँख खोल कर
अब और देखने की ज़रूरत नहीं
उसकी लाठी का बेआवाज़ होना भी मुझे पसन्द है
क्योंकि लाठियाँ वैसी ही बेआवाज़ होनी चाहिए
जैसे अन्याय चला आता है जीवन में दबे पाँव
आत्मीय चले जाते हैं दूसरी दुनिया में चुपचाप
हम रोते रहते हैं भीतर हाहाकार

भगवान के घर देर से भी ज़्यादा अँधेर है
यह मानते हुए भी चाहती हूँ कि
उसकी सत्ता के पक्ष में
गढ़े जाएँ कुछ और मुहावरे तुरन्त
ज़रा भी देर न की जाये इस अँधेर में।

घुसपैठ

वे अच्छी तरह जानती हैं कि साल 1498 में वास्को दि गामा भारत तक पहुँचने का समुद्री मार्ग तय करने ही नहीं आया था वह आया था व्यापार और घुसपैठ करने भी। उन्हें मालूम है कि हर बार मुहम्मद गोरी के लौटने के बाद दिल्ली किस हाल में मिलती होगी अपने आपसे। वे जानती हैं कि आक्रमण केवल शाब्दिक या साँकेतिक नहीं होते वे अक्सर होते हैं ख़ामोशी से, नज़रअन्दाजी में, तिरस्कार में, भर्त्सना में और उपहास में। सबसे ख़तरनाक होते हैं वे आक्रमण जो प्रशंसा और प्रेम के मुखौटे लगा कर आते हैं, क्योंकि तब वे अपने सब कवच और हथियार गिरा देती हैं।

युगान्त

घटाटोप है, जैसा कि जब विनाश हुआ था पृथ्वी पर जीवन का। धूल के कणों ने वर्षों तक ढँके रखा सूरज को, प्रकाश की एक किरण तक नहीं। अँधेरे में जब प्रश्न खड़े होते हैं तो कोई सूरज बाँह पकड़ कर सहारा नहीं देता। प्रकाश नहीं तो हवा नहीं, साँस नहीं, जीवन नहीं, हिमयुग है यह अन्तहीन। तेरे निज़ाम में चिल्लाने का दस्तूर न था... 'मैं भले ही न चिल्ला सकूँ लेकिन तुम समझना सही-सही। समझना कि यह उन्हीं प्रश्नों का घटाटोप है, जो कभी पूछे न जा सके, जिनके उत्तर न देने का हठ सूर्य करता रहा निसदिन, और एक दिन उत्तर लावा बनकर फूटने लगे अँधेरी निष्प्राण पृथ्वी के गर्भ से। लावा बह रहा है और जम रहा है साथ साथ। प्रकाश समाप्त हुआ, जीवन समाप्त हुआ, प्रतीक्षा समाप्त हुई।

नट रस्सी पर नहीं भरोसे पर चलता है

तुम जानते थे न मेरे पास भाषा बहुत है
लेकिन उससे खेलना नहीं जानती मैं
तुमसे बरतते समय अपनी पूरी भाषा भूल जाना चाहती थी
कि भाषा के एकाधिक अर्थ प्रेम की हत्या कर देते हैं
फिर भी शब्दों को ढाल बनाया तुमने
मौन को हथियार
तुम जानते थे न टूटी हुई चीज़ें बस बाँधी जा सकती हैं या चिपकाई
फिर भी तुम तोड़ते गए
फिर भी मैं बाँधती गयी
सो नाते में गाँठ डाल देने का अभियोग है मुझ पर
तुम जानते थे न बाँधना और चिपकाना
संशय का सूत्र है
क्या किसी नट को गाँठ लगी रस्सी पर चलते देखा है?
नट रस्सी पर नहीं भरोसे पर चलता है
मुझे तो तुम्हारी सड़कों पर चलने का अभ्यास भी नहीं
फिर भी चली न दोधारी पर
किसी दिन गिनना तुमने कितनी बार तोड़ा
मैं खोलूँगी जितनी बार बाँधा था मैंने
इस आख़िरी खोलने से पहले ।

लेना

साहेबान हमने खुदरी उपेक्षा लेनी बन्द कर दी है
और तो और कोई थोक में प्रेम जताए तो सहन नहीं होता
नहीं लेनी चाहिए भगवान जैसी किसी शख़्सियत से
पृथ्वी वायु जल जैसी कोई ख़ैरात भी
हाथ पोंछने के लिए बढ़ाया गया
एक टिश्यू तक अस्वीकृत किया जाना चाहिए
क्योंकि लेना एक दीर्घकालिक प्रक्रिया है
बरसों लदी रहती है पीठ पर
जैसे उसके होंठ अब तक रखे हैं मेरी हथेली पर फफोले की तरह
और बर्फ़ का फाहा छोड़ आई हूँ तेज़ धूप में।

चुग्गा

वे चुग रही हैं
तन्मयता से
अपनी देह के लिए
एक और देह के लिए
कई देहों के लिए
कई वंशों के लिए
इस पृथ्वी के लिए
इससे बेहतर वे और कुछ नहीं कर सकती थीं
भूख तो बहुत पहले
खा गयीं थी वे
एक दिन नरम गूँध कर
सब्र के ताप में करारी होते ही
तो यह क्या है
जिसे तृप्त करने के लिये
चुग रहीं हैं वे निरन्तर
साँस हवा धूप रौशनदान खिड़कियाँ
सब नाम हैं उन दानों के
जो उनकी चोंच के नीचे से कोई खींच ले गया
तो वे क्या
क्यों चुग रही हैं भला।

शेड कार्ड और पटरियाँ

लौट आना है उसी जगह
जहाँ आँगन में सूखते कपड़े
भीग जाने से पहले मेरी बाट जोह रहे हैं
पतीले में खौलता दूध
रुकने या उफन जाने की कशमकश में है
और चादर और परदे इतने आहिस्ता आहिस्ता रंगहीन हो रहे हैं
कि मेरा उन पर नज़र रखना बड़ा ज़रूरी है
घंटों, महीनों, सालों
बड़े गौर से नज़र रखती हूँ इन सब अहम मुद्दों पर
जो ज़िन्दगी को पटरी पर रखते हैं
कभी कभी बिलकुल खाली
और बेकार वक़्त में सबसे छिपकर सोच लेती हूँ
अन्दर कुछ खौलने और उफन जाने की कशमकश
बादलों के इश्क़ पेंचा को बिना छुए
अनायास गुज़र जाने और
ज़िन्दगी से उन सब रंगों
के उड़ जाने के बारे में
जो इस साल एशियन पेंट्स के
शेड कार्ड में नहीं दिए गए थे
फिर ज़िन्दगी की गाड़ी और पटरी के
बारे में सोचती हूँ
और दूध और धोबी का हिसाब
तसल्ली से एक बार फिर लगाती हूँ।

स्मृतिलोप

स्मृतिलोप बड़ा शस्त्र था
विसंगतियों विषमताओं अन्याय के विरुद्ध
भूल जाना बड़ी शक्ति
विभव था
पराक्रम
बल था
था ज़हरमार
रीढ़ को निगलती पीड़ा झटक देने
कबूतर की तरह आँखें पलट लेने
पत्थर पहाड़ पार्क बेंचें
उन पर बैठे
अब और न बैठे लोग
भुलाए बिना जीवन असम्भव था
चादर ओढ़ने से रात नहीं कटती
करवट बदलने से दुस्वप्न कहाँ टलते हैं
मुड़े हुए पृष्ठ सीधे किए बिना पढ़ना दुष्कर
सूखे गुलाबों को एक अनाम कोने में विस्मृत कर आना ही श्रेयस्कर था
तुम्हारे नाखूनों और आँखों का रंग भूल जाना
अनिवार्य शर्त थी अगली एक श्वास के लिए।

हम जन्मीं हैं रसातल में ...

हमने शत्रु के लिए भी सोचा
हम होते इसकी जगह तो यही करते शायद
ईश्वर ने नहीं सोचा
वह होता हमारी जगह
तो क्या करता आज
बने रहे असंवेदनशील लोगों के प्रति
एकनिष्ठ
चढाते रहे पान दूब पत्थर पर
करते रहे व्रत विधान
वह राज पाट में व्यस्त रहा
कभी फुर्सत नहीं पायी कहने की
कि यह व्यर्थ है औरत !!
फिर भी नहीं रूठे उसके पत्थर होने से
जानते थे
वह नहीं मनायेगा हमें
हमारे कोपभवन में आकर
बिना माँगे एक हृदय दिया हमें
फिर भयादोहन किया उसका
जब तक कि वह एक चोटिल
हिंस्त्र पशु में तब्दील नहीं हो गया
हम उसी ईश्वर से डरीं हमेशा
जो नहीं डरा कभी किसी से
सबसे कम हमारी आहों से

हमारे श्राप तक नहीं छूते जिसे
दसों दिशाओं में लहराता है जिसका परचम
उस ईश्वर की विस्मृत सन्तानें
हम जन्मीं हैं रसातल में।

गंतव्य

मेरे पाँव जाने के लिए
चलते हैं तेज़ तेज़
और धड़ अकड़ा रुका रहता है
घर के बरामदे में

एक दिन ऐसा आएगा
जब मेरी पूरी देह चलेगी एक साथ
और मैं पहुँच जाऊँगी
ज़रूर वहाँ तक।

तोड़ दो वह उँगली

(अ)सभ्यता वहीं शुरू हुई
जहाँ होश सँभाला मैंने और दुपट्टा
कहा लोगों ने कि यह रेल पेल
हज़ारों वर्षों से मची है ऐसे
कि लोग जो लपकती आँखों से ताक रहे थे
लिखते अमृता की उँगलियों को
इमरोज़ की पीठ पर साहिर का नाम
उन्हें ही नागवार है बेटियों का
मयफोटो फेसबुक प्रोफाइल
फिर भी गिनती हूँ
अमृता की उँगली पर
बरसते पत्थर
एक दो...तीन सौ

मैं भी बहुत बड़ी बातों
यानि नोटबन्दी या सीरिया हमलों तक पहुँचना चाहती हूँ एक दिन
एक दिन करना चाहती हूँ
कविता और आलोचना के नुक्ताचीं पर ज़ोरदार बहस
लेकिन एक बहुत आम औरत
अधिक से अधिक
साथ खड़ी दूसरी औरत की फटी आस्तीन को
सेफ्टीपिन से टाँक भर सकती है बस।

ठहरा रहा बहेलिया

बहेलिया आया
आया जाल
आयीं चिड़ियाँ
उड़ गयीं आतंक से
ले जायीं गयीं बाज़ार में, बस ठहरीं नहीं
कहीं नहीं गया, ठहरा ही रहा बहेलिया
आहट में उत्सव में निर्वात में घात में
सेंध लगाता
जैसे ठहरा रहा जाल
जैसे ठहर गया ताल
और भ्रष्ट कर दिया जलमंजनी ने
नहीं ठहरी नदी
थरथराती बहती रही व्याभिचारी दुनिया के बीच

ठहरा है सूर्य भी वहीं आकाश की कनपटी पर
जलता धधकता मेरे स्नायुओं सा
देखो नहीं ठहरा धवल चन्द्रमा
जिसकी निग़हबानी में
कर पाए तुम प्रेम उजले पाख सा
ठहरा रहा बुरा वक़्त अकसर
आदमी चलता रहा अच्छे की आस में/नष्ट होता रहा
चलती रही धरती पाँवों के नीचे
और हमें पास आने का भ्रम होता रहा

ठहरी रहीं कुटिल कठ आत्माएँ
न ठहर सका प्रेम
चला आया क्षत विक्षत सम्भावनाओं
हठी दौर्बल्य, सुनियोजित उपेक्षाओं से दूर
जबकि ठहरना ज़रूरी था प्रेम का ही।

बेसमेंट

बी टावर में रहनेवाला
बहुत बूढ़ा आदमी
मर गया है
जाने से पहले उसने मेरा चेहरा और बाल छूकर कहा था
'दो महीने के लिए कोलकाता जा रहा हूँ चन्दा!
यह मत सोचना कि मर गया होगा बुड्ढा'
जानती थी नहीं लौटेगा अब कभी
क्योंकि कहीं भी लौट पाने के लिए
कुछ ज़्यादा बूढ़ा हो चुका था
नए रिश्ते बनाने के लिए बहुत पुराना
और यह बात मायने नहीं रखती थी इस दुनिया के लिए अब और
कि
बस महीने में किसी एक दिन दिख जाने भर के लिए
लौटना चाहता था मेरे पास
मुझे असम्भव नामों से बुलाने भर के लिए
आना चाहता था फिर फिर मुझ तक
क्योंकि इतना प्यार अच्छा नहीं होता।

पूछती हूँ दो नितान्त अजनबी आँखों से 'आपके बाबा'?
चाहती हूँ वह शोकाकुल दिखे, दिखे टूटा और उदास
लेकिन लिफ्ट दिखाती है 27
गले में जोगेश्वरी हिन्दू श्मशानगृह उतर आया है
लिफ्ट कहती है 22 और वह कहता है 'ही इज़ नो मोर'

उसने स्वर को भरसक मुलायम बना लिया है
जैसे फ़िल्मों में ऑपरेशन थिएटर के बाहर
बुरी खबर सुनाते हुए डॉक्टर करता है
लिफ्ट धड़धड़ाती हुई गिर रही है 15
सुनो अजनबी, मैं तुम्हें छूना चाहती हूँ एक बार
क्योंकि जिसकी बात तुम कर रहे हो
उसके छूते ही
ज़िन्दगी में सब बिछड़े हुए लोग छू लेते थे मुझे एकबारगी
वह जो मर गया है
वह तुम्हारे पत्थर और मेरे पानी के बीच की नाव था
वह जो तुम्हारी रगों में बह रहा है
और बहता रहेगा अगली आधी सदी और
मैं उसकी रगों में बह रही थी जाने कैसे और क्यों
वह कहता था 'मेरी तितली'
और महानगरों के धुएँ से दम तोड़ती हुई सब तितलियाँ
फड़फड़ा कर उड़ने लगतीं थीं मेरे ऊपर
मेरा बाप होने के लिए बहुत बूढ़ा था वह
लेकिन अगर पिछली पूरी सदी
का निचोड़ यह बूढ़ा आदमी था
तो अभी और जिया जा सकता है इस दुनिया में
मैंने बस एक सवाल पूछा था उससे 'इतना बूढ़ा होना कैसा लगता है?'
और वह इतनी ज़ोर हँसा था कि आस पास खड़े लोग
चौंक कर हमें देखने लगे थे
हँसी से भीगी आँखें पोंछते हुए कहा था उसने 'बहुत अच्छा'
लिफ्ट कहती है।

प्रेम असलहा था

पार्टी कार्यालय में मुखालफत मेनिफेस्टो
पर्चे झंडे नारे प्रतिरोध के
रंग धधकते आक्रोश के
उन्नीस साला शहरी लड़की बुदबुदाती रही प्रेम
कौन-सा असलहा कैसा बारूद
प्रेम था हाथों में
मार डाली गयी
मारती गयी औरतों का गूँगापन
मर्दों की बुजदिली
कुचलती गयी ज़माने के दो मुँह

चम्बल के करारों में बाग़ी
जंगल में नक्सली
लाम पर सैनिक थे लामबन्द
लेकिन पराक्रमी था
खाप के सामने आत्मा का गठजोड़ किये
बैठा विपन्न युगल

माथे का पसीना एड़ी तक बहता रहा
कहता रहा, कहता रहा
इतनी बड़ी पृथ्वी के एक छोर पर
छवाने दो अकिंचन झोपड़ी
दुष्कर प्रदेशों में करता रहा प्रेम

डरता रहा आज बिछुड़ जायेंगे
नहीं डरा आज मारे जायेंगे

प्रेम था ख़ालिस प्रतिरोध इस सदी का
हमने करार दिया गर्हित भगोड़ा
फिर भी डटा रहा अड़ा रहा बना रहा
दहकता महकता
जंगल की खुशबू-सा बेहद और बज्जुर।

अनुपस्थित

कितना ही पानी आग पर धरा गया मेरे नाम से
कितनी ही बार चाय
किन्हीं और लोगों ने पी
आठ घंटे की नींद तो सब ही लिखा लाये थे अपनी
रातों में
बस मैंने कागज़ स्याह रंगते गँवा दी
जहाँ–जहाँ तस्दीक के लिए पुकारा गया
अस्तित्व और प्रेम की सूचियों में मेरा नाम
मैं नहीं थी
हाँ जो–जो श्राप दिए गए मेरे नाम पर
बराबर पहुँचे मुझ तक

परमात्मा तो थी नहीं
कि बन्दूक किसी और काँधे रखती
दबा देती घोड़ा
बस बहुत छोटे छोटे सपने जो देखे
चाहती थी लिखा रहे उन पर मेरा ही नाम

उन्हें लेकर तुम तक नहीं पहुँच पाई कभी
कितनी ही गाड़ियाँ चलतीं रहीं रोज़ हमारे दरम्यान
गो हमारे शहरों के बीच आमदरफ्त
जीवन मरण का प्रश्न नहीं थी सबके लिए
फिर भी आते जाते रहे

करने व्यापार कभी कभी प्यार
कुछ दोनों में नाकाम होने के लिए भी आ जा रहे थे
और हम जो जान दे सकते थे
बस एक बार यह दूरी लाँघ लेने को
एक भी टिकट पर नहीं लिखा था हमारा नाम।

अप्रेम

तुम हर बार कितने भी अलग
नए चेहरे में आये मेरे पास
मैं पहचान लेती रही
विडम्बना यह थी कि
मैं तुममें का
प्रेम पहचानती रही
आह्लाद से आपा खोती रही हर बार
भूल–भूल जाती रही
कि प्रेम तुम तब तक
और उतना ही कर पाओगे मुझसे
जब तक और जितनी मैं तुम्हारे अप्रेम में रहूँगी
मेरी माँ यह कठिन यन्त्र सिखाना भूल गयी थीं मुझे
और उनकी माँ उन्हें
वे सब कच्ची जादूगर थीं
पहले ही जादू में अपनी पूरी ताकत झोंक देतीं थीं
उस पर कि
बस आधा जादू जानती थीं
अपने ही तिलिस्म में फँस
दम तोड़तीं रहीं
उन्हें उस मन्तर का तोड़ तक नहीं मालूम था
जो पलट वार करता था
हालाँकि सीना पिरोना साफ़ सफाई और पकाने से ज़्यादा
अनिवार्य विषय था

अप्रेम में रहना सीखना और सिखाना

बहुत करीब से दूर तक जो पगडंडियाँ
सड़कें और पुल पुलिया देखती हूँ
जो तुमने बनाये हैं
किसी न किसी सदी तारीख या पहर
वे सब कहीं न कहीं से बाहर
जाने के तरीके हैं
प्रेम से बाहर जाने का तरीका नहीं है इनमें से एक भी।

चाहने से

चाहने से कविता नहीं लिखी गयी
चाहने से प्रेम नहीं हुआ
चाहने से युद्ध नहीं रुके
चाहने से आसमान नहीं झुके
मेरे होने
दिखने
सुनाई पड़ने भर से मेरा चाहना तय नहीं हुआ
लड़कियाँ बड़ी नहीं हो रही हैं
वक़्त से पहले उन्हें बड़ा कर देने की कोशिश
उन्हें मारे दे रही है
कूड़ेदानों
आईसीयू के आरामदेह गद्दों
साधन सम्पन्न घरों में
वे चैन की मौत मर रही हैं
तुमने कहा कि
मैं औरत औरत बहुत कह रह ही हूँ
कि मैं बहुत चीख रही हूँ औरत औरत
और मैं कह रही हूँ कि
मैं चाह रही हूँ एक औरत बने रहना
बने रहना दुनिया में कई औरतों का
पर चाहने से भी तुम्हारा रहट कभी बन्द नहीं हुआ
खूँदते रहे
बैलों के खुर कच्ची मिटटी को

रिसता ही रहा
स्त्रैण लहू पतली निरन्तर धार में
प्रेम करते ही कन्या कुमारी नहीं रही
बलात्कारी कुमार बना रहा जीवन भर
माँगती ही रही मैं ईश्वर से बस एक पुत्र।

आउटडेटेड संविधान

वह कि जिसने
सुरंग में पहली बारूद भरी थी
और जिसने
पुरुषों के दिल का रास्ता पेट से होकर जाता बताया था
कबसे उसे ही ढूँढ़ रही हूँ मैं
कि जब तुम यह 'स्त्री सुबोधिनी संविधान' लिख रहे थे
तो क्या तुम एक भी ऐसे पुरुष से नहीं मिले
जो उजले, निखरे, ताज़ा चेहरों से प्रेम करता हो
जिसे सोती सुन्दरी सुन्दर लगती हो
और ज्ञान बघारती पत्नी जिम्मेदार
या जिसे बस एक बात
एक मस्तिष्क
एक दिल
एक देह
एक सोच
एक आवाज़
एक स्पर्श
एक चाल
एक सुगन्ध
एक दृष्टि
बस एक झलक भर से प्रेम हो जाए
तुम्हारे हवनकुंडों की समिधा बनते बनते
न जाने कितनी देहें, दिल और दिमाग

जो बोल, सुन और देख सकते थे
और शायद बिना लाग लपेटवाला प्रेम भी कर सकते थे
धसकी अँगीठियों में तब्दील हो गए
रंग और मुश्क़े हिना हल्दी, तेल और आटे की
बसायन्ध में खेत रहे
भंवों का पसीना झुलसे गुलाबों तक ही छनक गया
कितना ही प्रेम झिलमिलाती आँखों से
सरक गिरा फूँकनी के रास्ते
फुँक गया खाँड़ की पोली लकड़ियों के साथ
यार, अगर तुम्हें बड़े-बड़े हंडे और देग माँजती
स्त्री इतनी ही मोहक लगती थी
तो वह कौन था
जो मधुबाला, नर्गिस और मीना कुमारी पर मर मिटा था
तुम समूचा प्रेम लील गए
कई बार तो डकार भी नहीं ली
और कैजुअल वर्क्स बिछाते ही रह गए
बजरी और धधकता डामर
तुम्हारे पेट से दिल जाते सिक्स लेन एक्सप्रेस-वे पर।

गुम हुई कविता

दिन बहुत अच्छा गुज़ारा है मैंने
सूखे बर्तन और कपड़े अलमारियों में हैं
किताबों पर ज़रा धूल नहीं है
और उन्हें पढ़ने की फुर्सत भी नहीं
और इस अच्छे दिन में कहीं
मुझसे गुम गयी है एक कविता
मेरे जैसे लोग
गूँगे, आतंकित और दम्भी
जो नहीं जानते बोलना और सोचना
किसी भी और भाषा में
जिनके पास सबसे कम शब्द
बस गिनी चुनी बातें हैं कहने को
उनसे भी कम सुननेवाले लोग
आधी रात हाइवे पर पछाड़ खाती गाड़ियों को
नैसर्गिक षडयन्त्रों का हिस्सा मानते
सांताक्रूज़ से हर साढ़े तीन मिनट पर
टूटने वाले तारे को देख भावुक हो जाते हैं

शुक्रगुज़ार नहीं किसी देवी देवता के
हम बहुत स्वार्थी और आत्मकेन्द्रित लोग
प्रार्थनाओं में भी
गुम हुई कविता माँगते हैं!

देगची में प्रेम

बगलवाले कमरे में
उसके अब्बा घर की सबसे बड़ी देग में
परमाणु बम बना रहे थे
फ्रिज में एक नामालूम-सा लाल रंग का माँस रखा था
बहुत आगे जाकर पूरब में कहीं
तख़्ता पलट होने वाला था
मैं प्रेम को सिरे से खारिज करता हुआ
'प्रेम' की आखिरी किश्त भी
भुना लेना चाहता था
और यही आखिरी मुद्दा पिछले कई सौ सालों से
उसे परेशान किए हुए था
आज तो
हमारे मज़हब और धर्म की निरी अदला-बदली
भी उसकी हताशा कम नहीं कर पाएगी
उसके और मेरे लोग
घरों, बाज़ारों, सड़कों, स्कूलों को
परमाणु रियेक्टर बनाए हुए हैं
फ्रिज में पता नहीं क्या क्या रखा है
और पूरब में लोग कितना ऊपर चढ़ने के लिए
यहाँ कितने गहरे गिर रहे हैं
इन सबसे ज़्यादा बड़ा मसला
मेरा उसके प्रेम को हल्के में लेना था
और वह सिरे से 'न' कहना सीख रही थी।

अव्यक्त

कह रहे थे
तुम अपने प्रेम की गाथा
पूरे उद्वेग, पीड़ा और सुख के साथ

सुन रही थी मैं
एक साधक सी
उदार
तल्लीन

निचले होंठ में दाबे
अपना पूरा प्रेम,
सुख, पीड़ा
और एक सिसकी।

डरो

डरो जब वह तुम पर से हटा ले
अपना हाथ धीरे से
डरो उस दिन से
जब कोई उलाहना बाकी न रहे
लहजे और ख़तों में
छोड़ दे वह सारी तितलियाँ एक साथ
एक मक़बरे के उजाड़ में
लौट आए फ़कीर सी खाली हाथ
अलमस्त
तुम्हें बार बार गुम जाने की आदत है
डरो
जब वह न डरे एक शाम
तुम्हारे घर न लौटने से

कभी नहीं डरे तुम
उसकी बेख़्वाब करवटों से
पर डरना
जब तुम्हारी रात के
दोनों तरफ दीवार हो
और खिड़की पर टँगी हो
उसकी उखड़ी हुई नींद।

कहाँ जाती हैं वे

कहाँ जाती हैं वे चीज़ें
जो चलती तो हैं
पर नहीं पहुँचती कहीं
वह उतरता है
मेरी आँख में खून की तरह
गरम और धड़कता हुआ
फिर कहाँ जाता है आखिर
आँसू तो जलता नहीं इतना

याद आता है तो जो ठेस लगती है
उसका अपना एक नाम है
जो मैं नहीं जानती सही सही बोलना
जैसे नहीं जानती उस पार वाली सड़क का नाम
जो एक दिन ले आई थी उसे हाथ थामे
बस यहाँ तक
तब से पड़ी है कमला तालाब के सामने
सूखी सकरी हड़ीली
बुढ़ा रही है जल्दी जल्दी
उसके जाने के बाद से कहीं नहीं गयी

मई की एक शाम
बात जो मैंने शुरू की थी
और जिसे खा गया था उसका मौन

कहाँ तक पहुँची होगी अब
इतनी अधूरी चीज़ें लिए बैठी हूँ
कि कोई न बताये तो
उनके कहीं सकुशल पहुँचने की ख़बर पाना मुश्किल है

मरते समय ज़िन्दा थी मैं
बिछड़ते वक़्त हम साथ थे
पतझड़ आयी जब हवाओं पर बसन्त लिखा था
पिघलने के लिए मेरा बर्फ हो जाना ज़रूरी था
प्रेम के दिन जिए जाने चाहिए विरह के अन्देशे में
क्योंकि बहुत सुख बहुत दुःख की दहलीज़ हो जाता है।

विषण्ण

हूँ अन्तहीन अनासक्ति की प्रतीक्षा में
जब उसे देखूँ जाड़े की एक शाम और
देखूँ इस समभाव से
कि टाँका न खुले दिल की सीवन का
सिल्ली चटख कर न पिघले किसी रग में
न कुछ मरे बाहर न अन्दर कुछ हरा हो

मैं उसे देखते वक़्त सोचूँ
कि घर की चाबी पर्स की किस जेब में
डेंटिस्ट का अपॉइन्टमेंट रात आठ बजे
गैस आईवीआर बुकिंग किस फोन से करनी है आखिर

वह नहीं तारा नहीं खुशबू
नहीं राहत भरा एक लम्स माथे पर
है एक जीता जागता अमली इनसान
डरती हूँ जिसके ज़ख्म बनते जाने से
क्योंकि याद और ज़ख्म में फ़र्क
सब्र और इन्तिकाम का है बस

बस उस रात का इन्तज़ार है मुझे
जब एक छिपकली दब जाये तलवे के नीचे
और मैं निर्लिप्त भाव से
बाथरूम तक चल कर पैर धो डालूँ।

विरासत

दुनिया में हवा पानी कम
बालकनी में धूप कम
गमलों में मिट्टी गुज़ारे लायक
मुझे कम के पक्ष में खड़े रहना पड़ा है अब तक
जानती भी हूँ कि कम से
बहुत अधिक नहीं चला पाऊँगी मैं काम
लज्जा और लिहाज़ तो होने ही चाहिए
आँख ढँकने लायक
भले ही उघड़ी रहे आत्मा

फिर कुछ तो छोड़ कर भी जाना है मुझे
बच्चों की खातिर पुरखों की इस ज़मीन पर
विरासत जैसा महान विचार नहीं मेरा
एक बेटी है
जो रहेगी बची पृथ्वी पर मेरे बाद भी
मन्दिर की महन्त नहीं जो दान पेटी की चाबी डोरी छोड़ जाऊँ
सात पीढ़ी बैठ कर खाएँ ऐसा उद्यम नहीं नीयत में
खून में हुनर नहीं कि गा बजाकर लोक ही निभाएँ
घर के मर्द जुटे रहे दो जून की जुगाड़ में जीते जी
कभी कभी औरतें भी भिड़ गयीं रोज़नदारी में

इधर हमने निगल ली है हर पचाई जा सकनेवाली चीज़
लकड़ी कोयला हवा पानी की बात नहीं

भाषा को खा रहे हैं
कितने ही शब्द हड़प गए, कितने क़तर ओछे कर दिए
जो कहीं का रास्ता भी पूछे यह लड़की किसी से
तो कम से कम एक हिफ़ाज़ती शब्द तो यह ओट दे
कि वह धरती की लुप्तप्राय प्राणी है
मेरे भी दो ही हाथ हैं सबकी तरह
कितना सँवारूँ अपना आज कि बिगड़े नहीं उसका कल
कितनी छोड़ जाऊँ यह पृथ्वी उसके लिए
जो बिना धक्का खाए खड़ी हो सके एक जगह।

ईस्ट

आधा शहर पूर्व था
बोरिवली पूर्व, गोरेगाँव पूर्व, जोगेश्वरी पूर्व, अँधेरी पूर्व, और दादर पूर्व
पुल जो शुरू होता था पश्चिम में/ वह भी चुक जाता था पूर्व में
ऑटो, कारें, पहिये
खटे पिटे लोग
सब नए पूर्व में और धँसते जा रहे थे
कोई नहीं जा रहा था अब उसके पुराने पूरब में
उसकी शरणस्थली पूरब में
कोई पुल या पहिया
सब रुके पड़े थे
यहाँ पश्चिम में ही।

अँधेरी वेस्ट
(लोकल ट्रेन स्टेशन)

आज हाथ के साथ
हथियार भी गिरनेवाले हैं
यह हताशा का चरमोत्कर्ष
कि एक भी दिशा संकेत
इस भगदड़ से बाहर जाने का रास्ता नहीं दिखा रहा
वह सड़क जो इस भीड़ से शुरू हुई
एक नयी भीड़ में ही ख़त्म होगी
बाज़ार की चौंधियाती रौशनी
है मेरे अँधेरे के कस बल निकालने पर तुली
भीड़ में खो जाने का सुख
सिसकी की तरह छूट रहा पीछे

नहीं, नहीं, यहाँ भी नहीं
इस धुआँते निष्प्रभ पुल पर भी
छुपने की कोई जगह शेष नहीं
कहाँ छिपूँ, रोऊँ, खो जाऊँ
नहीं ख़त्म होगी और रात भर
यहाँ तो लिथड़ते कदमों की कदमताल।

खलकामी

बाँटने से बरकत होती है
कहते-कहते बुढ़ा गयीं न जाने कितनी सदियाँ
मैं तुम्हें ज़रा भी नहीं छोड़ पाई किसी के लिए
एक बित्ता, एक रत्ती नहीं
प्रेम ने महान नहीं बनाया
अच्छा तक न रहने दिया

ऐसे कुंडली मारे बैठी रही
तुम्हारी कुंठा और क्रोध तक पर
कि दृष्टि और शब्दों पर एकाधिकार
साधारण बात रह गयी
बिछाए रही अपनी ही त्वचा
यूँ तुम्हारे हर स्पर्श के नीचे
कि भूल गए तुम्हारे तलवे पृथ्वी का बारहमासी परस तक

हाड़ माँस पर टिका रहा मोह
भूलती गयी सब लिखी पढ़ी दिव्य प्रेम की परिभाषाएँ
मैं तो इतना तक चाहती थी
कि तुम मडुए का उपेक्षित खेत हो जाओ
जिसमें रोप सकूँ
दो चार फूल अपनी कामना के निर्विघ्न
पट्टेदारी परिग्रह नहीं
कि कोई भी आये उगा ले सुनहरी फसल

हरी कर ले अपनी आँख और आत्मा
दबा ले पेटी भर कलदार सिक्के
भर ले कुनबे का पेट
और देखना चाहती थी तुम्हें
खंदक में दूरस्थ पुष्प-सा तिरस्कृत निरुपाय भी
जो सुकुमार तितली को सौंप देता है सर्वस्व
और मूँद लेता है आँख
अगाध सुख सुगन्ध से एक अन्तिम बार

सब सकार नकार लोक अलोक समझती हूँ
फिर भी प्रेम में हो गयी यूँ दुष्ट खलकामी
एक स्त्री को शोभा देता है क्या
चाहना चक्रवर्ती पुरुष से ऐसा एकमुखी प्रेम।

जनानावार्ड

बटलोई की पूरी दाल
और कढ़ाही का पूरा साग
पति और पूत की थाली में ढुरका देने वाली
सूखी बाँहों में
खून की कमी आधिकारिक रूप से प्रमाणित करने के लिए
और खून खींच लेता है कम्पाउंडर
जनाना वार्ड की लम्बी कतार में
जवान फूले पेट, झुकी बुढ़ायी कमर, हाड़
जोहते हैं बाट
अपने खोखले हो जाने की सनद की
डॉक्टर
पहले औरत है
रिपोर्टों से भी पहले पढ़ लेती
पीले दुहे चेहरे, सूखी छड़ों पर मढ़ीं नीली नसें
और ताकीद करती है पर्चे में
सबसे ऊपर
गोलियों और इंजेक्शन से भी ऊपर
'पूरी ख़ुराक और आराम'

घर की ड्योढ़ी में लौटते ही
स्थानीय प्रशासन आनन फानन में रद्द करता है
इन पढ़े लिखे चोंचलों को।

अभिसार

1.
दम साधे
नींद का मक्कड़ मारे
पीठ किये सिहरती
धरती लेटी है तट पर
इस स्टॉक एक्सचेंज की मुम्बई में
सनातन काल से
बस इतनी दूर कि
समुद्र छू सके उसे ज़रा-सा
या रुक जाये
लपेट ही ले एक अंकवार में
थोड़ी देर को
अपने अँतल में लौटने से ठीक पहले

2.
पूर्णिमा के साथ
जलधि बढ़ आया उद्दाम
ठहरा रहा पलों पहरों युगों एकाकार
सिन्धुसिक्त धरती ने नहीं देखा
फिर आकाश की ओर दृष्टि उठाकर

3.
वह ज्वार था जो उतर गया

4.

वापस गया तो
क्या क्या छोड़ गया अकूपाद
पूरी सृष्टि का मलबा
कीचड़ कादो उपालम्भ
उससे कहो ले जाये
यह सब यहाँ से
यह प्रेम था समर नहीं

5.

साँझ होते ही
समुद्र सो गया अनासक्त मुँह फेर
अमावस चट्टान सी
उतरी पानी के सीने से
अथाह तली तक
काला पानी छलकता थोड़ा थोड़ा
धूसर धरती छनकती थोड़ी थोड़ी
ओएनजीसी की क्रेन टिमटिमाती है बीच-बीच।

तुम विहीन

तुम ज़िरह करोगे कि भला यह कैसा प्रेम
कि उम्मीद ही तोड़ दी मैंने
मैं कहूँगी सबसे कठिन अपनी उम्मीद तोड़ना ही था
तो यह अनुकूल ठहरा प्रेम के विकट विधान के

पहला आपराधिक मामला मुझ पर बनता है
कि नहीं आता ग़ुस्सा तुम्हारे अपराधों पर
क़बूला नहीं है अब तक कुछ
बस ज़रा रियायत रखी है ख़ुद पर
कि जब कुरेदने हैं अपने घाव
तो तारीख़ ज़रा आगे बढ़ा दूँ

मैं, तुम्हारे कुएँ में लटकती वह रस्सी
दुःख से बाहर आते ही
गिरा आये जिसे अंधकूप में
अब रस्सी नहीं कुआँ
बन जाना चाहती हूँ
चाहती हूँ डूब जाओ ऐसे कि
बाहर आने का बहाना ना मिले तुम्हें

मैं तुम्हारे दुखों पर बँधी वह पट्टी
तय था जिसका उतरना घाव भरते ही
अब घाव बनकर

टीसना चाहती हूँ ताउम्र तुम्हारी करवटों के नीचे
और भर जाऊँ तो
बने रहना चाहती हूँ
एक अमिट निशान
तलवे पर ही सही

इतने सब अपराध हैं मेरे
और मैंने नहीं पढ़ी
कानून की वही किताब
जिसमें दु:ख की मियाद बताई गयी है
मैं तो तुम्हारी अदालत में भी करना चाहती हूँ
प्रेम की उम्र/ताउम्र वाली घिसी पिटी अपील
अर्दली लगाता ही नहीं कभी नाम की गुहार
कहता है इस अदालत में नहीं बाकी मेरा कोई मुकदमा
फिर भी नहीं होती तुम पर ग़ुस्सा
इतनी हो गयी हूँ मैं तुमविहीन।

■ ■ ■